星空下的舞會

文／奇馬・荷拉斯　圖／羅莎・歐蘇娜　翻譯／宋珮
發行人／吳文宗　執行長／葛惠
總編輯／林培齡　主編／遇子柔　美術編輯／高玉菁
出版者／三之三文化事業股份有限公司
地址／231台北縣新店市民權路100-1號5樓
電話／（02）2219-2199　傳眞／（02）2218-9730　劃撥帳號／17028308
網址／www.3-3edu.com.tw
E-mail／cs33iei@ms37.hinet.net
新聞局登記證／局版台業字第5796號
印刷／中茂分色製版印刷事業股份有限公司
出版日期／2006年08月

Tina & Tom
Text copyright © 2002 by Chema Heras
Illustrations copyright © 2002 by Rosa Osuna
Complex Chinese translation copyright © 2006 by 3&3 International Education Corp.
Published by arrangement with KALANDRAKA Editora
through Orange Copyright Agency（橙色經紀有限公司）
All rights reserved.
ISBN 13: 978-986-7295-18-7
ISBN 10: 986-7295-18-8
定價320元

尊重智慧財產　共同維護版權
本書如有裝訂錯誤、缺頁、破損，請寄回更換。

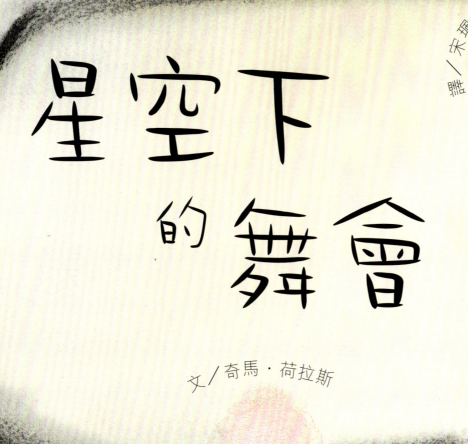

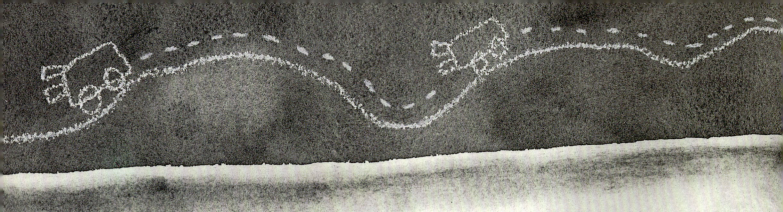

一個春天的傍晚,
正當爺爺為蔬菜澆水的時候,
來了一輛宣傳車,沿路廣播:

今天晚上,村子裡開舞會,
首席樂隊為你演奏,來吧!大家一起來跳舞!

「婷娜,你聽到了嗎?咱們今晚去跳舞吧!」

「聽到了,湯姆。可是我不想去,我老啦!不是參加舞會的小姑娘了。」

爺ㄧㄝˊ爺ㄧㄝˊ沒ㄇㄟˊ有ㄧㄡˇ吭ㄎㄥ聲ㄕㄥ。

眼看太陽要下山了，
他彎下腰，採了一朵花園裡
的雛菊。

然後, 走到奶奶身旁,
把花送給她, 並對她說:

「婷娜,
你還是像太陽一樣美麗。」

奶奶笑了，她走到鏡子前面，瞧一瞧自己的模樣，順手把雛菊插在髮梢。
她對爺爺說：

「才不呢！我好難看，
就像沒有羽毛的雞一樣。」

「誰說的！……
你美得像太陽。」

「來嘛！把握機會！
今晚是咱們的跳舞夜！」

奶奶走進浴室，拿出眼影。

「你拿眼影做什麼？」爺爺問她。

「我要塗一點眼影啊！
我的眼裡滿是憂愁，像沒有月亮的夜晚。」

「誰說的！你美得像太陽，
憂愁的眼睛像夜空的星星。
來嘛！把握機會！
今晚是咱們的跳舞夜！」

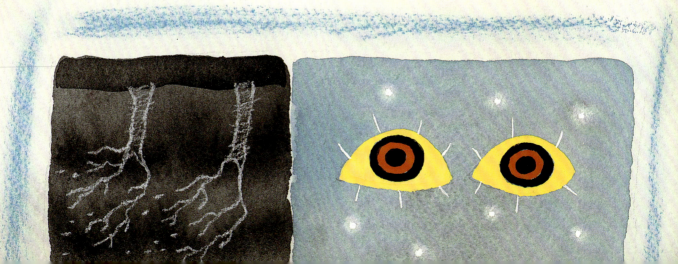

奶奶笑了，她又拿出睫毛刷。

「你拿那個小刷子做什麼？」

「我要刷一刷睫毛啊！我的睫毛短得像蒼蠅腿。」

「誰說的！你美得像太陽，憂愁的眼睛像夜空的星星，短短的睫毛啊，就像新修剪的草坪。」

「來嘛！把握機會！今晚是咱們的跳舞夜！」

奶奶笑了,她從櫃子裡拿出一個罐子。

「你拿那個罐子做什麼?」

「我要抹一點面霜呀!
我的皮膚好皺,像曬乾的
無花果一樣。」

「誰說的!
你美得像太陽,
憂愁的眼睛像夜空的星星,
短短的睫毛像新修剪的
草坪,
皺皺的皮膚啊,
就像蛋糕上的核桃仁。」

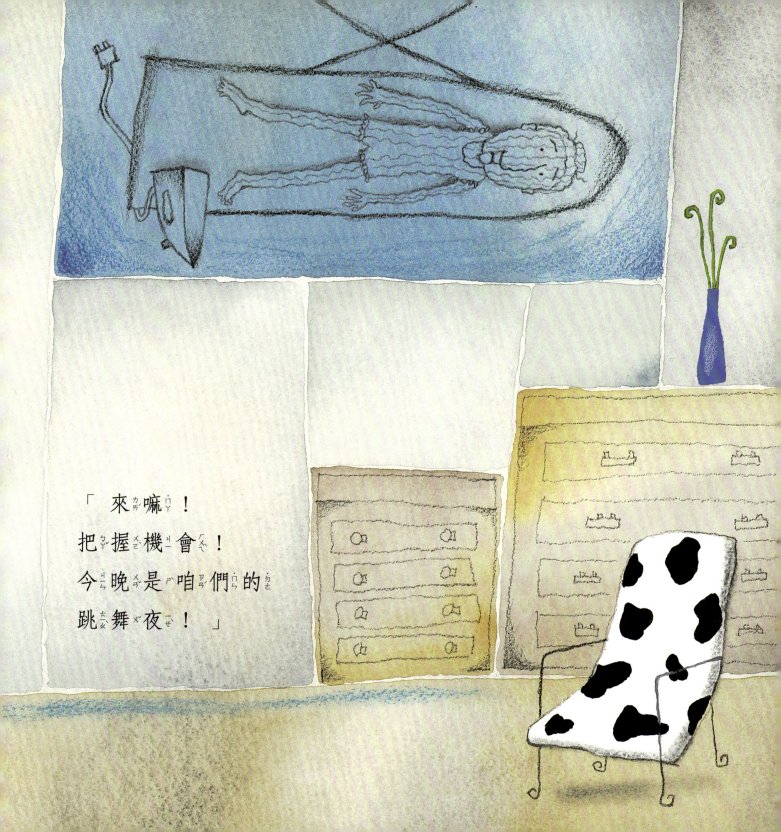

「來嘛!
把握機會!
今晚是咱們的
跳舞夜!」

奶奶又笑了，接著，
她拿出一支口紅。

「你拿口紅做什麼？」

「我要塗在嘴唇上啊，我的
嘴唇乾得像小路上的灰塵一樣。」

「誰說的！你美得像太陽，
憂愁的眼睛像夜空的星星，
短短的睫毛像新修剪的草坪，
皺皺的皮膚像蛋糕上的核桃仁，
乾乾的嘴唇啊，就像沙漠裡的沙丘。

來嘛！把握機會！
今晚是咱們的跳舞夜！」

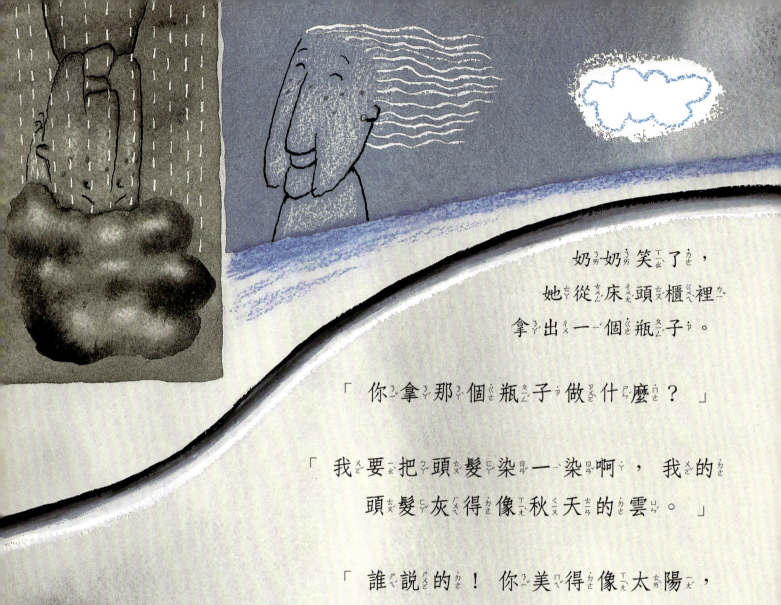

奶奶笑了,
她從床頭櫃裡
拿出一個瓶子。

「你拿那個瓶子做什麼?」

「我要把頭髮染一染啊,我的
頭髮灰得像秋天的雲。」

「誰說的!你美得像太陽,
憂愁的眼睛像夜空的星星,
短短的睫毛像新修剪的草坪,
皺皺的皮膚像蛋糕上的核桃仁,
乾乾的嘴唇像沙漠裡的沙丘,
白白的頭髮啊,就像夏天的白雲一樣。」

 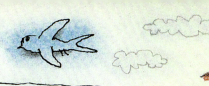

奶奶笑了，她從衣櫥裡拿出一條裙子。

「你拿那條裙子做什麼？」

「我要把腿蓋住啊，
我的腿細得像棒針。」

「誰說的！你美得像太陽，
憂愁的眼睛像夜空的星星，
短短的睫毛像新修剪的草坪，
皺皺的皮膚像蛋糕上的核桃仁，
乾乾的嘴唇像沙漠裡的沙丘，
白白的頭髮像夏天的白雲，
你的腿啊，就像麻雀的腿一樣苗條。

來嘛！把握機會！
今晚是咱們的跳舞夜！」

奶奶把裙子放回去,

洗了一把臉,對著鏡子微微一笑。

她挽起爺爺的手臂，一起去參加舞會。

到了會場,樂團已經開始演奏了,
大家都在跳舞。
爺爺摟住奶奶的腰, 開始跳舞。
他仔細端詳奶奶的眼睛,輕聲對她說:

「婷娜,
你的眼睛像夜空的星星
一樣憂愁,一樣美麗。」

奶奶深深的望著爺爺，
看見他也有……

憂傷的眼睛像夜空的星星，
短短的睫毛像新修剪的草坪，
皺皺的皮膚像蛋糕上的核桃仁，
乾乾的嘴唇像沙漠裡的沙丘，
白白的頭髮像夏天的白雲，
纖細的雙腿，就像麻雀一樣。

奶奶彎腰採了一朵雛菊,
插在爺爺的背心上,
又把頭靠在爺爺胸前。
然後, 她抬頭仰望天空,
再回頭深深的看著爺爺, 並對他說:

「湯姆,
你真好看, 就像月亮一樣!」

飽含詩意的聯想

藝術工作者 宋珮

　　這本圖畫書運用非常簡潔的文字，描繪老年夫妻的深摯情感，西班牙作者奇馬‧荷拉斯(Chema Heras)採用了幼兒讀物常見的疊句，作為湯姆爺爺和婷娜奶奶對話的內容。重複的對話蘊含著無窮韻味，正如平淡的夫妻生活孕育出的甘醇情感一般。奇妙的是，這樣的寫法也如實反映出老夫老妻間一來一往的對話方式。

　　對於不同年齡層的讀者來說，書中的文字除了重複的語句和聲韻之外，還包含著詩的聯想。故事裡的爺爺為了參加晚上的舞會，努力說服奶奶，奶奶猶豫不決，因為青春不再，年輕的心情也如飛而去，好在爺爺舌燦蓮花，藉著美妙的話語，終於邀得奶奶共舞。爺爺奶奶的對話充滿比喻，比如：奶奶抱怨自己衰老的模樣像一隻沒有羽毛的雞，眼神憂愁像沒有月亮的夜晚、睫毛短的像蒼蠅腿、皮膚起皺像乾的無花果……；爺爺卻把奶奶負面的貶語轉變成窩心的讚美，他說奶奶的神采像太陽、憂愁的眼神像星光、短短的睫毛像新修剪過的草坪、起皺的皮膚像蛋糕上可口的核桃……。這些飽含詩意的聯想增加了閱讀的趣味，即使是小讀者，也會隨著文字描述，在腦中出現一幅一幅的畫面吧！

　　羅莎‧歐蘇娜(Rosa Osuna)的插畫更增添了文字裡的詩意，而且處處可見幽默的童趣，比如：奶奶說自己的皮膚好皺，圖畫上就出現奶奶躺在燙衣板上，旁邊放著熨斗，表達出奶奶要用面霜除去皺紋的想法；或者，奶奶說她的頭髮像秋天的雲，繪者就把奶奶的頭倒著畫（這本書裡的負面比喻往往是倒著畫的），頭上頂著烏雲，還在下雨呢！但是右邊出現的是奶奶白髮飛揚，對應夏天的白雲和蔚藍的大海，巧妙的配合爺爺的讚美之詞。此外，繪者還畫出了文字之外的意涵，像是奶奶說自己不再是參加舞會的小姑娘了，下一頁的圖畫就出現了奶奶由小姑娘到老太太的變化，這時太陽要下山了，西沉的太陽正好畫在奶奶的腳邊，象徵黃昏之年的心境；最後，爺爺和奶奶快樂的共舞，奶奶重新看到爺爺的美好，這時圖裡出現了爺爺奶奶共度過的生活片段，勾畫出兩人朝夕共處、悲喜與共的深切情感，極為動人。

　　繪者善於運用色塊構成抽象圖案，並且藉著抽象圖案表述情境，比如說她用黑色、橘